SUEÑA
español sin barreras

Curso intermedio breve

Blanco • Tocaimaza-Hatch

VISTA
HIGHER LEARNING

Boston, Massachusetts

Printed in the United States of America.

ISBN-13: 978-1-59334-921-9
ISBN-10: 1-59334-921-1

1 2 3 4 5 6 7 8 9 DBH 10 09 08 07 06

Contenido

ANSWERS TO **WORKBOOK** ACTIVITIES

ANSWERS TO **LAB** ACTIVITIES

PARA EMPEZAR

1 1. mentiroso 2. cariñoso 3. falso 4. inolvidable 5. tímido 6. casado

2 Answers will vary. Sample answers: 1. No, no es verdad. Fermín y Carla se quieren. 2. No, no es verdad. Fermín es muy seguro. 3. No, no es verdad. Carla está muy tranquila. 4. No, no es verdad. Ellos están decidiendo una fecha para casarse. 5. No, no es verdad. Ellos se llevan (muy) bien.

SUEÑA

Estados Unidos

1. Es popular porque hay cerca de 38 millones de hispanohablantes en los Estados Unidos. 2. Se calcula que va a haber 50 millones de hispanohablantes. 3. Se puede encontrar comunidades hispanohablantes en Rhode Island, Carolina del Sur y Alaska. 4. Se nota el crecimiento de la población latina por el uso del español en los cajeros, aeropuertos y en las estaciones de tren. 5. Sample answers: Adiós amigos., Vamos., Mi casa es su casa. 6. Cuatro millones de secundaria estudian español. 7. Uno de cada ocho habitantes de los Estados Unidos tiene origen hispano. 8. Jorge Ramos es un conductor del Noticiero Univisión.

Documental

1. Falso. 2. Cierto. 3. Cierto. 4. Falso. 5. Cierto. 6. Falso. 7. Cierto.

Galería de creadores

1 1. Se titula *Earache Treatment*. Carmen Lomas Garza es la artista.

2 Answers will vary. Sample answers: 1. La pareja está en un patio. 2. Tiene un periódico. 3. El hombre está sentado. 4. Quiere quitarle el dolor de oído. 5. Answers will vary. 6. Answers will vary.

3 1. Narciso Rodríguez es un diseñador. 2. Sample answers: Jessica Parker, Salma Hayek, etc. 3. Julia Álvarez es de la República Dominicana. 4. Escribe novelas, poesía y ensayos. 5. Es Robert Rodríguez. 6. Uno de los premios que tiene es Premio del Público de Sundance.

4 Answers will vary.

ESTRUCTURAS

1.1 The present tense

1 1. eres, es, son 2. sé, sabes, sabe 3. reconocen, reconozco, reconocemos 4. tienes, tienen, tienen 5. sigues, sigo, seguimos

2 1. Quieres 2. salgo 3. van 4. sé 5. piensas 6. tenemos 7. creo 8. podemos 9. tengo 10. estoy 11. está 12. puedo 13. veo

3 Answers will vary.

4 1. tengo 2. Construyo 3. salgo 4. dice 5. divierte 6. estudio 7. trabajo 8. Prefiero 9. Quiero

5 Answers will vary.

1.2 *Ser* and *estar*

1 1. está, Es 2. es 3. son, es, está, es 4. está 5. son, están 6. es, está 7. Son, está, está

2 1. a 2. a 3. b 4. a 5. a 6. a 7. b 8. b

3 1. Son 2. está 3. es 4. está 5. están 6. es 7. están 8. está

4 1. es 2. Es 3. son 4. es 5. está 6. eres 7. es 8. son 9. está 10. estás 11. estar

5 Answers will vary.

6 Answers will vary.

1.3 *Gustar* and similar verbs

1 1. me gusta 2. me duelen 3. Me cae mal
4. Me aburro 5. Me molestan

2 Answers will vary. Sample answers: 1. ¿Les
aburre la ciudad? 2. ¿Les gustan los edificios?
3. ¿Les cae bien la gente? 4. ¿Les preocupa la
seguridad? 5. ¿Les disgusta el tráfico? 6. ¿Le
faltan lugares de entretenimiento a la ciudad?

3 Answers will vary. Sample answers: 1. nos aburre
2. nos fascina, nos gusta 3. Nos cae, Nos encanta
4. nos preocupa 5. Nos disgusta 6. nos falta

4 Answers will vary. Sample answers: 1. Creo que
me cae mal la comida del hotel. 2. Me falta una
entrevista más. 3. No, no me gusta la ciudad.
4. Sí, me molesta mucho viajar. 5. Yo me
aburro demasiado.

5 Answers will vary. Sample answers: 1. A la
mujer le aburre mirar los partidos por televisión.
2. A Javier le fascina leer el periódico. 3. Le
encanta mirar dibujos animados en la tele.
4. Al marido le molestan las amigas de la
esposa. 5. Le gusta mirar películas románticas
en la tele. 6. Les disgusta el olor a pescado.

6 Answers will vary.

COMPOSICIÓN

Answers will vary.

PARA EMPEZAR

1 1. g 2. c 3. b 4. a 5. d 6. e 7. f
2 Answers will vary.
3 Answers will vary.

SUEÑA

México

1. b 2. a 3. b 4. b 5. b 6. a 7. a 8. b

Documental

1. Cierto. 2. Falso. 3. Falso. 4. Cierto. 5. Cierto. 6. Falso. 7. Cierto. 8. Cierto.

Galería de creadores

1 A. Se titula *Batalla de los Aztecas y Españoles*. El autor es Diego Rivera. B. Answers will vary.

2 Answers will vary. Sample answers: 1. Frida Kahlo es una pintora mexicana.
2. Sus autorretratos la han hecho famosa. 3. Frida Kahlo expresa el dolor de su vida personal en sus pinturas. 4. Gael García Bernal es actor. 5. Algunas de sus películas son *Y tu mamá también*, *La mala educación* y *Diarios de motocicleta*. 6. Elena Poniatowska nació en París. 7. Elena Poniatowska ayudó a fundar el periódico *La Jornada*.

3 Answers will vary.

ESTRUCTURAS

2.1 The preterite

1 **Brenda:** 1. Tradujo un artículo. 2. Leyó el periódico. 3. Puso un letrero en la calle. **Mariana:** 4. Hizo diligencias. 5. Durmió la siesta. 6. Dio una vuelta por la ciudad. **Andrés:** 7. Oyó la radio. 8. Fue al campo. 9. Condujo su moto durante horas.

2 1. Subieron 2. pusiste 3. tuviste 4. dieron 5. buscaste 6. empezaron

3 1. ir 2. ser 3. ser 4. ir 5. ser

4 1. viniste 2. preguntaron 3. fue 4. perdí 5. tuvimos 6. llamaron 7. pudimos 8. olvidé 9. dijo 10. hicieron

5 Answers will vary.
6 Answers will vary.

2.2 The imperfect

1 1. quedaba 2. Había, quería 3. venía 4. estaban 5. Había 6. saludaba 7. deseaba 8. veía; entendía 9. eran 10. tenía

2 Answers will vary.
3 Answers will vary.

4 1. vivía 2. tenía 3. cuidaba 4. despertaba 5. hacía 6. íbamos 7. volvíamos 8. hacía 9. sabía 10. podía 11. quería 12. estaba 13. gustaban 14. estábamos

5 Answers for verb forms: 1. enseñaba 2. preguntaba 3. gustaba 4. cantaba 5. bailaba 6. leían 7. jugaban

6 Answers will vary.

2.3 The preterite vs. the imperfect

1 1. se levantó 2. Quería 3. tenía 4. estaba
5. llegó 6. se encontró 7. conversaba
8. entró 9. tomaba 10. contaba 11. se puso
12. se sorprendieron 13. vieron 14. enviaron
15. estaba

2 1. No le llamé porque no encontraba su número
de teléfono. 2. No le pedí el número a Javier
porque no estaba en la oficina. 3. No los puse
en otro sitio porque no podía llevarlos solo.

4. No los bajé en el elevador porque el elevador
no funcionaba. 5. No me fui a mi casa porque
no encontraba mi carro.

3 1. siempre 2. Antes 3. primero 4. Después de
5. mientras 6. Luego

4 1. iba, fui 2. visitaban, visitaron 3. podía, pude
4. hablaba, hablé 5. hacía, hice

5 Answers will vary.

COMPOSICIÓN

Paso 1: La **hacían** muy atractiva la esbelta armonía
de su cuerpo, el largo pelo castaño, los ojos un
poco rasgados, un aire de inocencia y desamparo, la
pesadumbre de quien **tenía** un secreto.
Un joven de su misma edad o acaso un poco mayor **se
sentó** en un lugar de la terraza, aislada del salón por
un ventanal.

Llamó al mesero y **ordenó** un café. Su mirada
recorrió/recorría sitios vacíos, grupos silenciosos y
se detuvo un instante en la muchacha. Al sentirse
observada, **alzó** la vista. Enseguida **bajó** los ojos y **se
concentró** en su escritura.

Paso 2: Answers will vary.

PARA EMPEZAR

1 1. la emisión 2. el acontecimiento 3. el locutor 4. el diario 5. la banda sonora 6. el anuncio

2 1. actor, rodar 2. oyente, radio, radioemisora 3. estrella, telenovela, público, portada

3 1. d 2. c 3. e

SUEÑA

El Caribe

1. Empezaron a principios del siglo XVI. 2. Era de las tierras colonizadas. 3. Francia e Inglaterra querían quitarle el poder. 4. Financiaban los ataques piratas. 5. Construyeron fuertes a través de todo el Caribe. 6. San Juan, Santo Domingo y La Habana tienen fuertes. 7. Está en Santo Domingo. 8. Sample answers: Pablo Neruda, Gabriela Mistral y Ernest Hemingway.

Documental

1. a 2. b 3. a 4. b 5. c 6. b

Galería de creadores

1 La pintura no tiene título. Viene de la serie *Para Jorn* creada en 1975. Wifredo Lam es el pintor.

2 Answers will vary.

3 1. Es una escritora. 2. Rosario Ferré nació en Puerto Rico. 3. Se titula *Papeles de Pandora*. 4. Julia de Burgos es poeta. 5. Sample answer: Trata temas amorosos y temas feministas. 6. Sample answer: Hillary Clinton, Laura Bush y Penélope Cruz son algunas de sus clientas.

ESTRUCTURAS

3.1 The subjunctive in noun clauses

1 1. des, sepa 2. trabaje 3. vengas, guste 4. cambies, tenga 5. empecemos, sea 6. digas

2 1. deseo 2. reciba 3. atiende 4. puede 5. digo 6. quiero 7. atienda 8. repito 9. trabaja 10. Exijo 11. diga 12. quiero 13. viene 14. viene 15. venga 16. entre

3 Answers will vary.

4 Answers will vary. Sample answers: 1. Es necesario que creas en lo que estás haciendo. 2. Quiero que te muevas mucho en esta escena. 3. Temo que el cine sea difícil para los actores teatrales. 4. Te pido que practiques el guión antes de venir a grabar. 5. Es posible que no les guste rodar muchas horas todos los días. 6. Les prohíbo que graben escenas de riesgo. 7. Te aconsejo que pienses si quieres representar este personaje. 8. Es urgente que decidas si quieres representar una obra de teatro.

5 Answers will vary.

3.2 Commands

1 1. No hable de política. 2. Llévese bien con las estrellas. 3. No vaya a las fiestas con hambre. 4. Salga todas las noches. 5. No respeten la vida privada de las estrellas. 6. Estén siempre preparados. 7. Vístanse mejor. 8. Tengan dos o tres cámaras. 9. No sea parcial. 10. Vaya a todos los estrenos. 11. Haga entrevistas. 12. Escriba artículos divertidos.

2 1. Tomen clases. 2. Escriban mejor. 3. Váyanse de vacaciones. 4. Hagan películas baratas. 5. Cambien de trabajo. 6. Apaguen la radio. 7. No hablen de política. 8. Lean buenos libros.

3 1. Tráeme todas las revistas./ Tráiganme todas las revistas. 2. Dame un vaso de agua en un vaso color verde./ Denme un vaso de agua en un vaso color verde. 3. Escríbele una carta a mi familia./ Escríbanle una carta a mi familia. 4. Pide mil rosas blancas para la habitación del hotel./ Pidan mil rosas blancas para la habitación del hotel. 5. Dime el horóscopo del día./ Díganme el horóscopo del día. 6. Rompe las críticas negativas./ Rompan las críticas negativas. 7. Contesta las cartas de los *fans*./ Contesten las cartas de los *fans*. 8. Entretén a los periodistas./ Entretengan a los periodistas.

4 Answers will vary.

3.3 Object pronouns

1 1. el partido 2. el San Martín 3. a los fanáticos 4. a los fanáticos 5. a nosotros/a los periodistas 6. a nosotros/a los periodistas 7. al señor Anaya 8. el video 9. el comportamiento a las cadenas

2 1. Te 2. Lo 3. mí 4. le 5. me 6. me 7. me 8. me 9. mí 10. nos

3 Answers will vary. Sample answers: 1. No, no nos vio./ Sí, nos vio. 2. No, no me lo pidió./ Sí, me lo pidió. 3. Sí, se la pagué./ No, no se la pagué. 4. Sí, se la di./ No, no se la di. 5. No, no se lo di./ Sí, se lo di.

4 1. Antes de empezar, salúdalo./ Antes de empezar, lo saludas. 2. No puedes olvidarlas./ No las puedes olvidar. 3. No la muevas tanto al hablar. 4. Evítalos. 5. Déjalas para tu doble./ Las dejas para tu doble. 6. Debes obedecerle./ Le debes obedecer. 7. Estúdialo bien./ Lo estudias bien. 8. Debes hablarles bien./ Les debes hablar bien.

COMPOSICIÓN

Answers will vary.

PARA EMPEZAR

1 1. yerno 2. suegra 3. bisabuela 4. gemelo 5. primo 6. padrastro 7. tía 8. nuera 9. cuñado 10. sobrino

2 Answers will vary.

3 1. unida 2. insoportable 3. agradezco 4. pariente 5. Lamento 6. nos parecemos 7. carácter 8. se queja

SUEÑA

Centroamérica

1. Hay unos 2.500 kilómetros entre Panamá y Guatemala. 2. Son Costa Rica, Guatemala, Honduras, Nicaragua, Panamá y El Salvador. 3. El continente americano. 4. Algunas son el cuna, el garífuna, el inglés, el lenca y el maya. 5. Se estableció en 1975. 6. Vive en el lago Nicaragua. 7. Está en las Islas de la Bahía, en la costa norte de Honduras. 8. Son un plato salvadoreño. 9. Son una de las ciudades más importantes de la civilización maya. 10. Duran cuatro días y cinco noches.

Documental

1. Falso. 2. Cierto. 3. Falso. 4. Falso. 5. Cierto. 6. Cierto. 7. Cierto. 8. Falso.

Galería de creadores

1 1. Es una especie de bordado intricado. 2. Sample answers: animales, el mar, la naturaleza, peces. 3. Los kunas, una tribu indígena, las hacen. 4. Viven en las islas panameñas del Archipiélago San Blas. 5. Adornan blusas y otras cosas. 6. Los motivos más populares son diseños geométricos y variados elementos del mundo natural.

2 1. Es una escritora/poeta/novelista. 2. Answers will vary. Sample answer: El compromiso social y político y la lucha por la liberación de la mujer son temas comunes para Belli. 3. Obtuvo el premio Casa de las Américas en 1978. 4. Es de Nicaragua. 5. Answers will vary. Sample answer: Son *Desnudo sentado, Bodegón, ciruela y peras, Bañistas en la tarde y coche*. 6. Empezó a los siete años. 7. Podemos admirar sus obras en museos y galerías de arte de todo el mundo.

ESTRUCTURAS

4.1 The subjunctive in adjective clauses

1 1. a 2. c 3. b 4. e 5. g 6. f 7. h 8. d 9. i

2 1. caigan 2. lleve 3. ayude 4. dé 5. sea 6. protejan 7. esté 8. sepa

3 1. a 2. b 3. b 4. a 5. b

4 1. a 2. a 3. Ø 4. a 5. Ø 6. Ø 7. a 8. a

4.2 Reflexive verbs

1 1. acuerdan 2. se acuerdan 3. se va 4. va 5. se llevan 6. llevan 7. pone 8. se pone 9. muda 10. se muda 11. reúne 12. se reúne

2 1. me preocupo 2. arrepentirse 3. Me levanto 4. Me ducho 5. me relajo 6. me visto 7. me maquillo 8. se den cuenta

3 1. Se lavaron 2. nos lavamos 3. Se peinaron 4. nos peinamos 5. Se cepillaron 6. nos cepillamos 7. te pusiste 8. me puse 9. te quitaste 10. me quité

4 1. de 2. de 3. de, de 4. de, en 5. de 6. de 7. de 8. a 9. de, de 10. de, en

4.3 *Por* and *para*

1 1. d 2. b 3. e 4. a 5. c

2 1. por un año 2. por sólo 60 pesos 3. por la casa de los tíos 4. por mí 5. por teléfono

3 Answers will vary.

4 1. por 2. Para 3. Para 4. Para 5. Para 6. Por 7. Por 8. Para 9. Para

5 1. Por aquí 2. por allí 3. Por mucho que 4. Por primera vez 5. Para colmo 6. Por supuesto 7. por si acaso 8. Para que sepas 9. Por eso 10. no estamos para bromas

---

COMPOSICIÓN

Answers will vary.

PARA EMPEZAR

1 1. león 2. terremoto 3. serpiente 4. ave 5. incendio 6. cordillera
2 Answers will vary.
3 Answers will vary.

SUEÑA

Colombia, Ecuador y Venezuela

1. La cordillera de los Andes atraviesa Ecuador, Colombia y Venezuela. 2. Ecuador tiene el mayor porcentaje de volcanes en su territorio. 3. El volcán Cotopaxi es la mayor atracción del Parque Nacional Cotopaxi. 4. La última vez fue en 1904. 5. Se encuentra a 200 km de Bogotá en Colombia. 6. Algunos de los picos son el Pan de Azúcar y el Púlpito del Diablo. 7. El Salto del Ángel es la catarata más alta del mundo. 8. Se puede ir en avión o en lancha por el río Churún.

Documental

1. b 2. c 3. b 4. a 5. a 6. c 7. b

Galería de creadores

1 Se titula *Violinista*. Oswaldo Guayasamín es el artista.
2 1. Es un hombre tocando un violín. 2. Answers will vary. Sample answer: Es un hombre triste, muy delgado. Es un apasionado de la música. 3. Answers will vary. 4. Answers will vary.
3 Answers will vary. Sample answers: 1. Es un arquitecta venezolana. 2. La experiencias religiosas de su adolescencia influyeron en su arte. 3. Hace sus obras con madera y terracota. 4. Gabriel García Márquez es colombiano. 5. *Cien años de soledad* y *El amor en los años del cólera* son algunas de sus obras. 6. El realismo mágico hizo famoso a García Márquez.

ESTRUCTURAS

5.1 The future

1 1. irá 2. dirán 3. escuchará 4. hará 5. querrán 6. comerá 7. tendrá 8. sabrán
2 1. podrá, tendrá 2. tendrá, vivirán 3. curará, tendrá 4. sabrá, enseñará 5. volverá, Nacerán 6. acabará, mejorarán 7. tratarán, cazarán 8. tendrán
3 1. presente 2. pasado 3. futuro; Mis padres vendrán a conocerte. 4. futuro; En nuestra boda habrá una banda que toque toda la noche. 5. pasado 6. futuro; Nunca dejaré de quererte. 7. futuro; Juntos seremos muy felices.
4 Answers will vary.

5.2 The conditional

1 1. saldría 2. cabría 3. pondríamos 4. harían 5. usarías 6. serían 7. podría 8. valdría
2 1. sería 2. se extinguirían 3. habría 4. se encontrarían 5. podría 6. querría
3 1. ¿Vendrías mañana a la oficina a las ocho, por favor? 2. ¿Pondrías las cosas en su lugar, por favor? 3. ¿Saldrías a comprarme una botella de agua mineral, por favor? 4. ¿Me dirías los resultados, por favor? 5. ¿Llegarías temprano la semana próxima, por favor? 6. ¿Apagarías la computadora, por favor?
4 Answers will vary.
5 Answers will vary.

5.3 Relative pronouns

1 1. a 2. f 3. c 4. g 5. d 6. e 7. b

2 Answers will vary.

3 1. la que 2. quien 3. en la que 4. cuyo 5. con quien 6. que 7. por la que 8. para el cual

4 Answers will vary. Sample answers: 1. Yo trabajaba como químico, trabajo en el que tenía mucha experiencia. 2. Era una empresa muy grande en la que investigaban nuevos medicamentos. 3. Yo me preocupaba por nuestros experimentos los cuales/los que se hacían a veces con animales. 4. A los dos meses yo pedí hablar con el director a quien también le preocupaban los animales. 5. El director me dijo que iba a crear un departamento nuevo en el que sólo se iba a investigar con plantas. 6. Ojalá pronto todas las empresas dejen de experimentar con animales los cuales/ los que tienen que ser protegidos.

COMPOSICIÓN

Answers will vary.

PARA EMPEZAR

1 1. abogado 2. crueldad 3. pelear 4. seguridad 5. delito 6. ganar 7. amenaza 8. elegir

2 1. democracia 2. tribunal 3. temor 4. igualdad 5. libertad 6. huir, derechos 7. injusto 8. ejército

SUEÑA

Chile

1. Le puso Cometa Marino por la fuerte presencia del mar en la vida diaria del país. 2. Chile tiene 2.700 millas de longitud. 3. La isla de Pascua y la isla de Robinson Crusoe están en territorio chileno. 4. La isla de Robinson Crusoe forma parte del archipiélago Juan Fernández. 5. La isla de Pascua está en el océano Pacífico. 6. La isla de Pascua es famosa por los moai. 7. Los moai son grandes monolitos esculpidos. 8. El desierto de Atacama es considerada una de las zonas más secas del planeta. 9. Santiago, Viña del Mar y Valparaíso. 10. Los mapuches son indígenas amerindios procedentes de Chile y Argentina.

Documental

1. Cierto. 2. Falso. 3. Falso. 4. Cierto. 5. Cierto. 6. Falso. 7. Cierto.

Galería de creadores

1 A. Se titula *La otra latitud de la vida*. El autor es Roberto Matta. B. Answers will vary.

2 1. Es una escritora chilena. 2. *La casa de los espíritus* fue su primera novela. 3. Es una famosa artista chilena. 4. *Gracias a la vida* es una de sus canciones más conocidas. 5. Miguel Littín es director de cine. 6. En 1982, cuando le nominaron para el Oscar.

ESTRUCTURAS

6.1 The subjunctive in adverbial clauses

1 1. desees 2. mires, crea 3. vean 4. empiece 5. te pongas 6. pienses 7. haga 8. ganes

2 1. cumplí 2. me levanto 3. estar 4. haga 5. voy 6. deje 7. quieran 8. elija

3 1. ¿Qué va a hacer cuando salga elegido? 2. ¿Qué quiere hacer luego que se reúna con todos los partidos? 3. ¿Le preocupa el medio ambiente? ¿Qué va a hacer sobre el tema? 4. ¿Me puede decir sus planes para conseguir la paz? 5. ¿Piensa hablar con los otros grupos políticos? 6. ¿Qué cree que va a conseguir durante su gobierno?

4 Answers will vary.

6.2 The past subjunctive

1 1. Quisiera un presidente justo. 2. Quisiéramos terminar con el terrorismo. 3. Quisiera un futuro sin guerras. 4. Quisieran mejorar las relaciones internacionales. 5. Quisieras votar por el mejor candidato. 6. Quisieran seguridad en las calles.

2 1. Gasta el dinero del partido como si fuera suyo. 2. Hablan de ahorrar como si todos nosotros tuviéramos mucho dinero. 3. Me miró como si no entendiera lo que yo le estaba diciendo. 4. Hablan de conseguir la paz como si fueran especialistas en política internacional. 5. En la reunión del partido, todos estábamos preocupados como si fuéramos a perder las elecciones. 6. Tratan a los activistas como si no les importara el medio ambiente.

3 1. fuera 2. defendiera 3. aprobara 4. siguiera 5. juzgaran 6. estuvieran 7. hablaran 8. se dedicaran

4 Answers will vary. Sample answers: 1. El candidato dijo que todos lucháramos contra el terrorismo. 2. El candidato nos aconsejó a todos defender a las víctimas de la injusticia. 3. El candidato insistió en que todos encarceláramos a los ladrones. 4. El candidato nos pidió que nos dedicáramos a mejorar la democracia. 5. El candidato nos exigió que pagáramos los impuestos. 6. El candidato nos recomendó que peleáramos contra el abuso de poder. 7. El candidato nos rogó que lucháramos por los derechos humanos. 8. El candidato nos prohibió que huyéramos de los problemas reales del país.

6.3 Comparisons and superlatives

1 1. más, que 2. tantos, como 3. menos, que 4. tan, como 5. menos, que 6. tantas, como

---

COMPOSICIÓN

Answers will vary.

2 1. Enrique Araneda es el candidato más joven. 2. Antonio Suárez es el candidato que tiene menos experiencia. 3. Antonio Suárez es el candidato más alto. 4. Answers will vary.

3 Answers will vary. Sample answers: 1. No, María es la que gana menos de mil pesos por mes. 2. No, Diego sabe menos idiomas que Ana./Ana sabe más idiomas que Diego. 3. No, Ernesto es menor que Diego./Diego es mayor que Ernesto. 4. No, Ana es la que mejor habla en público. 5. No, Susana es tan rápida con los números como Ana. 6. No, Roberto es el que más trabaja. 7. No, Martin es el que siempre anda con menos maletas que tú.

4 1. tan 2. menos 3. tantas 4. menos 5. tan 6. menos 7. menos 8. más/menos 9. más/menos 10. tan 11. más

PARA EMPEZAR

1 madura, falsa, mentirosa, harta, preocupada, tacaña

2 1. Se llevan mal/fatal. 2. Porque siempre dice que quiere compartir. 3. Marta está preocupada. 4. Answers will vary. Sample answer: No creo que el problema es pasajero porque Marta no quiere ser amiga de Caro.

3 1. a 2. a 3. a 4. b 5. c 6. a

ESTRUCTURAS

1.1 The present tense

1 Andrea come en el campus y es activa. Yolanda es tranquila y estudia mucho.

2 1. Andrea practica el fútbol. 2. Deben encontrarse en persona. 3. Siempre almuerza en la cafetería. 4. Necesita una compañera de apartamento seria y responsable. 5. Answers will vary.

3 Answers will vary. Sample answers: 1. Están leyendo el periódico. 2. Marta lee el periódico para ver qué pueden hacer el viernes. 3. Quiere ir al teatro. 4. No, Yolanda no puede pagar boletos caros. 5. Su amigo Raúl puede conseguirlos. 6. Van a cenar al restaurante de Raúl. 7. Yolanda va a dejar a Marta hacer los planes. 8. Se llevan (muy) bien.

1.2 *Ser* and *estar*

1 1. Cierto. 2. Falso. Pedro está enojado. 3. Falso. Es verano. 4. Falso. Está despejado. 5. Cierto. 6. Cierto.

2 1. Es 2. está 3. estamos 4. son, estoy 5. estar 6. está 7. es 8. somos

3 1. ser; Es 2. estar; Está 3. estar; Está 4. ser; Son 5. ser; Son 6. estar; Están 7. ser; Es 8. estar; Está

1.3 *Gustar* and similar verbs

1 1. Le aburren las fiestas de cumpleaños. 2. Sólo se tiene que preocupar de comprar el boleto. 3. Le cae muy bien. 4. A Roberto no le gustan los conciertos. 5. Le molestan los sitios donde hay mucha gente.

2 Answers will vary.

3 Answers will vary.

LITERATURA

1 1. Cierto. 2. Cierto. 3. Cierto. 4. Falso. 5. Falso.

2 1. Falso. 2. Cierto. 3. Falso. 4. Falso. 5. Cierto.

3 1. Cierto. 2. Falso. 3. Cierto. 4. Cierto. 5. Cierto.

4 1. Falso. 2. Falso. 3. Falso. 4. Cierto. 5. Cierto.

PARA EMPEZAR

1 1. cruzar la avenida 2. doblar en la esquina del banco 3. subir al autobús número 39 4. bajar en la parada de la estación de bomberos 5. cruzar un puente 6. ver un rascacielos 7. caminar unos cinco minutos 8. ver el letrero del centro comercial

2 Answers will vary. Sample answers: 1. Doblo en la esquina del banco. 2. Voy a ver la parada de autobús. 3. Subo al autobús treinta y nueve. 4. Bajo en la parada de la estación de bomberos. 5. Cruzo un puente. 6. Voy a ver un rascacielos. 7. Camino hacia esa dirección unos cinco minutos. 8. Voy a ver un letrero con el nombre del centro comercial.

3 1. b 2. a 3. a 4. c 5. c

ESTRUCTURAS

2.1 The preterite

1 1. Cierto. 2. Cierto. 3. Cierto. 4. Falso. 5. Falso.

2 Answers will vary. Sample answers: 1. Isabel se lo pasó muy bien en casa de su hermana. 2. Un día se levantó a las doce del día. 3. Por las tardes, salieron a pasear. 4. Isabel no compró nada en el centro comercial. 5. Las hermanas fueron a la discoteca.

3 Answers will vary.

2.2 The imperfect

1 Answers will vary. Sample answers: 1. Elena salía con sus amigas todas las noches. 2. No, ella nunca se relajaba en su apartamento. 3. Siempre pagaba todo con tarjetas de crédito. 4. No, tenía muchas deudas. 5. Lo pasaba fatal porque era muy tímida.

2 Answers will vary. Sample answers: **Antes:** Era agresiva. Siempre se enojaba con su hermana. Era bastante impaciente. Se preocupaba por los detalles más pequeños. Se levantaba temprano los fines de semana. Era un poco antipática. **Ahora:** Es diferente. No se enoja con su hermana. Se toma las cosas con tranquilidad. Sólo se preocupa por las cosas que son realmente importantes. Se queda en la cama hasta las diez o las once. Es la persona más simpática que conoce.

3 Answers will vary.

2.3 The preterite vs. the imperfect

1 1. Cierto. 2. Falso. 3. Cierto. 4. Falso. 5. Cierto. 6. Falso. 7. Cierto. 8. Falso.

2 Answers will vary.

3 Answers will vary. Sample answers: La calle estaba muy tranquila. Hacía bastante viento. Las luces de la calle estaban encendidas. Había un chico con su perro y dos estudiantes.

4 Answers will vary. Sample answers: Elena oyó un ruido y miró en la dirección opuesta... Vio a una chica subiendo a un autobús. La chica subió muy rápidamente y le dijo adiós a alguien. Los estudiantes se abrazaron.

LITERATURA

1 1. Cierto. 2. Falso. 3. Falso. 4. Cierto. 5. Cierto.

2 1. Cierto. 2. Falso. 3. Cierto. 4. Falso. 5. Falso.

3 1. Falso. 2. Cierto. 3. Cierto. 4. Cierto. 5. Falso.

4 1. Cierto. 2. Cierto. 3. Falso. 4. Falso. 5. Falso.

PARA EMPEZAR

1 1. actores 2. revista sensacionalista 3. estreno 4. público 5. locutor 6. emisión en vivo 7. titulares 8. portada 9. telenovela 10. pantalla

2 **Lunes:** episodio final de *Tigres*, crónica de sociedad. **Miércoles:** crónicas deportivas, documental sobre las vidas de los grandes jugadores del fútbol Internacional. **Viernes:** documental sobre cultura popular, la revista semanal *7 días*. **Domingo:** largometraje *Un día cualquiera*.

ESTRUCTURAS

3.1 The subjunctive in noun clauses

1 1. Falso. 2. Falso. 3. Cierto. 4. Falso. 5. Cierto. 6. Cierto.

2 Answers will vary. Sample answers: 1. Dudo que Madonna quiera dejar de ser famosa. 2. No creo que seas amigo de Ben Affleck. 3. Es poco seguro que Jennifer López quiera ser presidente de los Estados Unidos. 4. Es imposible que el presidente se vaya a vivir a Mongolia. 5. No es probable que Steven Spielberg trabaje en Starbucks. 6. No es verdad que David Hasselhoff sea un robot.

3 Answers will vary.

3.2 Commands

1 1. sígame 2. Tome 3. limpie 4. recoja 5. vaya 6. compre 7. pague 8. Regrese 9. prepare 10. tome 11. llévelos 12. Descanse 13. suba 14. preséntese 15. Diviértase

2 Answers may vary. Sample answers: 1. Quiere darle nuevas responsabilidades. 2. César tiene que comprar comida. 3. César debe pagar. 4. El director pide que los lleve a la biblioteca. 5. El director sugiere que César descanse por dos o tres minutos. 6. Le dice que se diviertan.

3 1. No comas 2. Bebe; No estés 3. Haz 4. Ven 5. Lee 6. Háblale 7. No mires 8. Tómate

3.3 Object pronouns

1 1. El secretario se las enseña. / Se las enseña el secretario. 2. Yo se los traigo. / Se los traigo yo. 3. Su novio va a dárselas. / Se las va a dar su novio. 4. Dos fotógrafos van a tomársela. / Se la va a tomar dos fotógrafos. 5. Sus amigas van a comprárselos. / Se los van a comprar sus amigas. 6. El director va a mandárselo. / Se lo va a mandar el director.

2 1. El secretario me las da. / Me las da el secretario. 2. Tú me los traes. / Me los traes tú. 3. Mi novio va a dármelas. / Me las va a dar mi novio. 4. Dos fotógrafos van a tomármela. / Me la van a tomar dos fotógrafos. 5. Mis amigas van a comprármelo. / Me los van a comprar mis amigas. 6. El director va a mandármelo. / Me lo va a mandar el director.

3 Answers will vary.

LITERATURA

1 1. Falso. 2. Falso. 3. Cierto. 4. Falso. 5. Cierto.

2 1. Cierto. 2. Falso. 3. Cierto. 4. Falso. 5. Cierto.

3 Answers will vary. Sample answers: 1. Tiene tres años. 2. Está transmitiendo un drama británico. 3. Limpia la cocina. 4. Answers will vary. 5. Answers will vary. 6. Answers will vary.

Answers to Lab Activities

PARA EMPEZAR

1 1. a 2. c 3. b 4. b

2 bien educado, honrado, insoportable, estricto, mandón, rebelde

3 1. La madre es menos estricta. 2. Según Cristina, el novio de Beth es bien educado y honrado. 3. El muchacho se parece al primo Rafael. 4. Rafael se independizó en su juventud. 5. Bernardo piensa que su hija está mimada./ Piensa que la miman demasiado.

ESTRUCTURAS

4.1 The subjunctive in adjective clauses

1 1. a alguien que pueda ayudarme 2. una escuela que sea bilingüe 3. sean excelentes 4. ninguna que me guste 5. que sea un poco

2 1. Cierto. 2. Cierto. 3. Falso. 4. Cierto. 5. Falso. 6. Cierto.

3 Answers will vary.

4.2 Reflexive verbs

1 1. Cierto. 2. Falso. 3. Cierto. 4. Falso. 5. Falso.

2 1. a 2. e 3. f 4. b 5. d 6. c

3 Answers will vary.

4.3 *Por* and *para*

1 1. para 2. para 3. por 4. por 5. por 6. para 7. por 8. Para

2 Answers will vary.

3 1. b 2. f 3. c 4. d 5. e 6. a

LITERATURA

1 1. Cierto. 2. Falso. 3. Falso. 4. Cierto. 5. Cierto.

2 1. Cierto. 2. Cierto. 3. Falso. 4. Cierto. 5. Falso.

3 1. Falso. 2. Cierto. 3. Falso. 4. Cierto. 5. Cierto.

4 Answers will vary. Sample answers: 1. Mataron al fraile. 2. Los mayas ya sabían de los eclipses solares. 3. Aristóteles representa a las ciencias europeas.

PARA EMPEZAR

1 1. costas, huracán, inundaciones, peligro, prevenir, río

2 Answers will vary. Sample answers: Energía limpia: buscan alternativas a la energía eléctrica; educan al público sobre la importancia de usar la energía natural. Mar azul: limpian las costas de la basura; educan a los empresarios locales sobre los peligros de materiales tóxicos en el agua. Ayuda: Piden dinero al gobierno para mejorar las condiciones de los animales; está dirigido por vegetarianos.

3 Answers will vary. Sample answers: 1. El objetivo es educar al público en general sobre la importancia de usar la energía natural. 2. Está dedicado a los amantes del mar. 3. Visitarán a los empresarios locales para explicarles los peligros de echar materiales tóxicos en nuestras aguas. 4. Deben llevar su tarjeta de estudiantes. 5. Los directores del programa son vegetarianos. 6. Cuidar la Tierra es deber de todos.

ESTRUCTURAS

5.1 The future

1 Answers will vary. Sample answers: Los bosques: desparecerán casi por completo; no tendrán animales; serán como un desierto. Los océanos: se contaminarán; no habrán playas limpias; el agua estará llena de basura. Los seres humanos: no saldrán a pasear; no viajarán a otros lugares.

2 Answers will vary.

3 Answers will vary.

5.2 The conditional

1 1. b 2. a 3. b 4. a 5. b 6. a 7. b 8. a

2 Answers will vary.

3 Answers will vary.

5.3 Relative pronouns

1 1. b 2. a 3. b 4. a 5. a 6. a

2 Answers will vary. Sample answers: 1. La chica que sale con Ricardo. 2. El mono del que le habló ayer. 3. Los abogados de los cuales no quiere saber nada nunca más. 4. El representante del ayuntamiento es el que siempre lleva esa camisa amarilla tan horrible. 5. La veterinaria a quien invitó a salir. 6. El chico moreno que tanto le gusta.

LITERATURA

1 1. a. cada dos horas 2. a. relajarse 3. b. encontrar el amor 4. a. no estar enfermo

2 1. c. a los niños despiertos 2. b. bien morir 3. c. debajo de la almohada 4. b. podrás ver lo que quieras

3 1. c. te falte el aire 2. a. la llave de la luna 3. a. a muerte y a vida 4. b. en dosis controladas

Answers to Lab Activities

PARA EMPEZAR

1 1. aprobar, desigualdad, igualdad, ley, luchar, presidente

2 1. Es el presidente del partido liberal. 2. Se ha reunido para presentar un proyecto de ley contra la desigualdad en el mundo del trabajo. 3. Quiere organizar una campaña para luchar por la igualdad de derechos para todos los trabajadores. 4. Cree que el Congreso tiene que aprobar la ley porque es un tema de mucha importancia para todos. 5. Se debe aprobar la ley antes de que termine el año.

3 1. Quiere dedicarse a mejorar todos los aspectos de la educación. 2. Quiere conseguirlo con el diálogo con las personas responsables. 3. Quiere luchar contra la injusticia que existe en la universidad. 4. El gobierno estudiantil debe colaborar con el presidente de la universidad. 5. No va a permitir que ningún miembro de la administración les diga lo que tienen que hacer. 6. Van a ser el martes por la mañana.

ESTRUCTURAS

6.1 The subjunctive in adverbial clauses

1 Answers will vary. Sample answers: 1. Nos dice que es importante que no esperemos hasta que termine el semestre. 2. Nos recomienda que hablemos con ellos en cuanto los conozcamos. 3. Nos dice que podemos elegir otros temas siempre que se lo digamos antes. 4. Debemos ir a la biblioteca tan pronto como recibamos las listas de los libros. 5. Le tenemos que decir de qué va a tratar el proyecto a menos que tengamos una buena excusa.

2 1. b 2. c 3. e 4. d 5. a 6. f

3 Answers will vary.

6.2 The past subjunctive

1 1. Ojalá tuviera dos millones de dólares. 2. Ojalá pudiera ayudar a otras personas. 3. Ojalá supiera muchos idiomas. 4. Ojalá trabajáramos para mejorar el país. 5. Ojalá fuera presidente de los Estados Unidos. 6. Ojalá participaran en las decisiones del gobierno. 7. Ojalá trabajara en un tribunal. 8. Ojalá enseñara a leer a todas las personas analfabetas.

2 1. Esperaba que entregaran las sillas el sábado a las nueve de la mañana. 2. Le pidió que llegara antes de las ocho. 3. Le sugirió que compara unos cafés y unos dulces. 4. Le pidió que las preparara para esta tarde. 5. Le pidió que le ayudara a organizar las entrevistas. 6. Answers will vary.

6.3 Comparisons and superlatives

1 1. Cierto. 2. Falso. 3. Falso. 4. Falso. 5. Cierto. 6. Falso.

2 1. Answers will vary. 2. La casa de la Familia Brito tiene menos ventanas. 3. La casa de la Familia López tiene las ventanas más pequeñas. 4. La casa de la Familia Brito tiene más árboles. 5. Answers will vary.

3 Answers will vary.

LITERATURA

1 1. Cierto. 2. Cierto. 3. Cierto. 4. Falso.

2 1. Cierto. 2. Cierto. 3. Falso. 4. Falso. 5. Cierto.

3 Answers will vary.